Bauchtanzen

Satz: DTP-Dompteuse
Druck und Bindung:
Sebald Sachsendruck, Plauen
1 2 3 4 5 00 99 98 97 96
Auflage Jahr
(jeweils erste und letzte Zahl maßgeblich)

ISBN 3-8231-1040-3

Bauchtanzen

Ein fröhliches Wörterbuch für die Fans der orientalischen Tanzkunst, für Anfänger, Fortgeschrittene, (Semi-)Profis und all jene, die gerne bei sich und anderen Nabelschau betreiben.

Von Juliane Poloczek
mit Zeichnungen von Viviane Charrier

TOMUS

Abgrund

A

Aah	Alt-assyrische Exklamation, vor allem aus der Gegend um Ninive überliefert, heute in der internationalen Bauchtanzszene weitverbreiteter Ausdruck des Erstaunens oder auch des Entzückens beim Hereintänzeln der lang erwarteten Künstlerin.
Abgrund	Freier Raum zwischen Bühnenrand und erster Stuhlreihe. Je nachdem, welchen tänzerischen Level die Show-Mitwirkenden erreicht haben, gilt die Aufführung bereits als erfolgreich, wenn niemand in den Abgrund gefallen ist.
Abstand	Zone zwischen Tanzgruppenangehörigen, die niemals zu gering bemessen sein sollte, damit man sich beispielsweise bei den schlangenartigen Armbewegungen nicht ineinander verschlingt oder beim Mitführen von Schleiern oder Melayas dem werten Publikum nicht die Sicht auf die benachbarte Tänzerin nimmt.
aïny	In klassischen arabischen Liedern sowie modernen Schlagern immer wiederkehrende Bezeichnung für eine geliebte Person. Wörtlich übersetzt: mein Auge. Vergleiche mit deutschem Liedgut drängen sich auf: „Puppchen, du bist mein Augenstern".
aïwa	Von Zuschauern, Sängern, Musikern oder Mittänzerinnen geäußerter Ausdruck der Anerkennung für eine tänzerische Leistung. Sinn- und zeitgemäß zu übersetzen mit: „oh-boahey" oder „voll geil, ey"!

Aladin = Alaa Ed-din

1. Wundertätiger Lampengeistbeschwörer aus dem orientalischen Märchen.
2. Wundertätiger Gruppengeistbeschwörer aus Ägypten, der aus lauter Solistinnen eine Tanzgruppe zaubert.

'albi

Siehe *qalbi.*

Alter

Es muß wohl nicht besonders betont werden, daß das A. bei orientalischen Tänzerinnen überhaupt gar keine Rolle spielt. Verstanden?!! ✎ ☠💣

Anfängerkurs

Bestens geeigneter Ort für Arm- und Beinverschlingungen.

Arabeske

Elfenhafte Tanzfigur mit sekundenlangem Verharren auf einem Bein. Leider nur für Tänzerinnen bis zu 0,075 t Lebendgewicht zugelassen.

Arme

Körperteile, die entweder hektisch mitzuzucken versuchen oder aber in stiller Resignation herunterbaumeln.

Arme, ägyptische

1. Allgemein: obere Extremitäten der Einwohner von *Al Masr.*
2. Tänzerisch: vor dem Körper ausgeführte Kanonbewegung.

Armhaltung, türkische

Durch Umwandeln des „r" in ein „c" wird daraus leichterdings eine sehr tückische Position, die nur dann elegant aussieht, wenn beide Arme möglichst hoch über den Kopf gehalten werden mit bis zur äußersten Schmerzgrenze nach hinten gepreßten Ellbogen, wobei die Handinnenflächen über der Kopfmitte zusammengeführt werden müssen. Und das alles mit völlig unverkrampftem Gesichtsausdruck und nicht etwa mit fest zusammengebissenen Zähnen.

Arabeske

Armstulpen

Armleuchter	Im orientalischen Teil von Köln-Nippes gebräuchliche Bezeichnung für einen Illuminationsspezialisten, dem es mittels seiner Lichteffekte während einer Bühnenshow immer wieder gelingt, die Antlitze sämtlicher der europiden Rasse angehörigen Tänzerinnen in ein sattes Käseweiß zu tauchen.
Armstulpen	Zum übrigen Outfit in Material und Farbe passende Unterarmverkleidungen, die vor allem bei Minustemperaturen zum Einsatz kommen. Merke: Wer nix (Warmes) am Bauch hat, der muß es an den Armen haben.
Armut	Folge von zu häufigen Besuchen von Workshops, Bazaren, Shows und teuren orientalischen Lokalen.
Atmung	Sollte auch bei höchster Anspannung und Konzentration auf schwierige Bewegungsabläufe niemals ganz eingestellt werden. Bei Nichtbeachtung ist mit puterroter bzw. im Endstadium bläulicher Gesichtsverfärbung zu rechnen, wodurch die Farbharmonie mit dem jeweiligen Kostüm empfindlich gestört werden kann.
aufstehen	Nachdem die Tänzerin einige Minuten lang den Bodentanz vollführt hat, ist es an der Zeit, sich in anmutiger Art und Weise wieder zu erheben. Die vom Hexenschuß geplagte oder aber an den Kniescheiben geschädigte Tänzerin wird sich hingegen eher stilvoll hinaustragen lassen, als das Publikum durch plötzliche wilde Schmerzensschreie in Angst und Schrecken zu versetzen.
Ausbildung, standardisierte	Wurde für orientalische Tänzerinnen in den Niederlanden vermutlich von preußischen Immigrantinnen entwickelt. Durch einen insgesammt dreieinhalbjährigen Lehrgang, der

Ausstrahlung

auch die theoretische Unterweisung in der Geschichte des orientalischen Tanzes, Methodik, Didaktik, Physiotherapie und Rhythmik umfaßt, wird das ungezügelte Herumhüpfen endlich in wohlgeordnete mitteleuropäische Bahnen gelenkt. Nach bestandenem Examen darf die solchermaßen Ausgebildete den Titel „Dipl.or.Ta.päd." (= diplomierte orientalische Tanzpädagogin) führen.

Ausdruck

„Wer den Ausdruck nicht ehrt, ist der Technik nicht wert." Sprichwort aus dem „Schatzkästlein der Terpsichore".

Ausfallschritt

Aus der vorher brav eingehaltenen Linie plötzlich ausbrechender Seit- oder Vorwärtsschritt mit Überraschungseffekt. Wird nicht nur von leicht cholerischen Tänzerinnen eingesetzt.

Ausstrahlung

Wenn es daran gebricht, sollte die Tänzerin dennoch vom Besuch eines Reaktors absehen. Sie versuche es statt dessen mit einem etwas näher liegenden Röntgeninstitut.

Authentizität

Authentisch ist all das, was uns die frisch aus dem Vorderen Orient eingeflogenen Hassans, Zazas oder Momos als solches verkaufen. Je ausgefallener der Herkunftsort (vorvorletztes Dorf links an der Abzweigung nach Abu Simbel) oder der Tanz (panarabischer Hochzeitstanz mit Säbel, Stock und Schleier), desto größer die Beteiligung an den entsprechenden lukrativen Workshops.

B

Baladi	Volkstümliche Ausgabe des orientalischen Tanzes mit einfacheren Bewegungen, *raqs scharqi* für Arme sozusagen.
Balancieren	Das B. des Stocks – meist auf dem Kopf, seltener auf Oberschenkel oder Brustbein – sollte bei keinem Stocktanz fehlen. Damen mit zirzensischer Begabung laufen, hüpfen oder knien balancierend nieder. Erlaubtes Hilfsmittel: das leichte Anpassen des biegsamen Stocks an die Kopfform. Unerlaubtes Hilfsmittel: Sekundenkleber; Stock durch die Frisur stecken!
Baldachin	Eine den Kopf der Tänzerin einrahmende Armposition. Durch Abwinkeln der Ellbogen, Hochdrücken der Handgelenke sowie Aneinanderlegen der Mittelfingerenden erhält man einen kleidsamen Aufsatz mit drei Spitzen. Kommt oft und gern zum Einsatz bei der arabischen Version des Liedleins „Es geht eine Zipfelmütz' in uns'rem Kreis herum, widibumm!"
barfuß	B. tanzt selbstverständlich die handgeknüpfte Perserin oder die mit allen Nilwassern gewaschene Ägypterin, zumal Wüstensand in den Tanzschuhen sehr lästig ist. Die Europäerin eifert ihr darin nach, greift aber spätestens dann wieder zu ihren güldenen oder silbernen Schühchen, wenn ihre Füße Bekanntschaft mit Holzsplittern auf maroden Bühnen oder Glasscherben und Essensresten in hygienisch einwandfreien Bauchtanzlokalen gemacht haben.

barfuß

Bauch

Bauch

Körperteil, der bei westlichen Tänzen stiefmütterlich behandelt wird, indem man ihn zu verdrängen, einzuzwängen oder wegzuhungern versucht. Im orientalischen Tanz jedoch darf sich die Wampe nach Bauches-, äh, Herzenslust, entfalten, frei nach dem Motto: Hier bin ich, Bauch, hier darf ich sein.

Bauchflattern

1. Da das Gemüt der Bauchtänzerin seinen Sitz unterhalb der Gürtellinie hat, drückt sich auch der erregte Gemütszustand speziell vor größeren Shows durch Bauchflattern aus. Typischer Ausspruch einer vom Bauchflattern Befallenen: „Hätt' ich doch bloß auf meine Mutter gehört und statt dessen den Makrameekurs gemacht."
2. Nur von der Unterbauchmuskulatur ausgehender Zittershimmy.

Bauchrednerin

Orientalische Tanzvirtuosin, deren Bauchmuskeln das Morsealphabet beherrschen, so daß sie auf diese Weise kleine Mitteilungen in ihre Darbietung einflechten kann.

Bauchspeck

Insbesondere vom vorderasiatischen Zuschauer gern gesehene Körperrundung, die durch Shimmies in intensive Vibrationen versetzt werden kann.

Bauchtanz

Die hohe Kunst, aus dem Zentrum des Körpers, dem „hohlen Bauch" sozusagen, Impulse an alle Gliedmaßen auszusenden, auf daß diese sich in anmutigster Weise zunächst verrenken, um sich dann ebenso zierlich wieder zu entwirren, wenn's denn klappt.

Bauchtanzszene

Die maurischen Eroberer drangen bis Mittelspanien vor, die Türken standen kurz vor Wien. Die weitaus erfolgreicheren

BH

orientalischen Tänzerinnen schafften es bis in die entlegensten Winkel unserer Republik. Das erklärt auch den Einsatz des Tanzschwerts. Mithin nennen nicht nur Orte wie Frankfurt, Köln und Berlin eine vielfältige B. ihr eigen, sondern auch Metropolen wie Much, Meckenheim und Hinterwald (bei Koblenz).

Bazar

(Mahmoud[4]) + [Madame Abla[3]] + UWA*[10].
* Und weitere Anbieter.

Beckenkippen

Starke Vorwärtsbewegung der unteren Körpermitte mit Aufforderungscharakter.

Beckenkreis

Wahrscheinlich die elementarste Bauchtanzbewegung überhaupt. Auch von Laien leicht nachzuvollziehen. Selbst die fortgeschrittene Tänzerin baut ihn immer wieder gern in ihre Choreographie ein. Denn: „Wenn ich mal nicht weiterweiß, dann mach' ich 'nen Beckenkreis."

Berg-und-Tal-Acht

Von Bewohnerinnen montaner Regionen gern getanztes, sich von der Hüftschleife ableitendes Element. Während letztere streng vertikal verläuft, ist die alpine Version durch ein Auf-und-Ab-Schwingen der Hüften aus der senkrechten in die waagerechte Ebene und zurück gekennzeichnet. Hol-de-ri-jo-di-höh!

BH

Als wahrhaft tragendes Teil eine der fünf Säulen des orientalischen Tanzes.

Bodentanz

Die meisten Elemente des Bauchtanzes sind – bis auf gewagte Sprünge und wüste Drehungen – auch am Boden durchführbar. In einigen wenigen Fällen drückt sich in dieser Tanzform eine unterwürfige Haltung aus. Meist wird der

Bodentanz jedoch für das unauffällige Suchen verlorener Gegenstände wie Ohrclips, Kontaktlinsen oder Tausendmarkscheine genutzt.

Body-wave

1. Wellenförmige Bewegung zum Ausschütteln eines den ganzen Rumpf umschließenden, enganliegenden Übungskleidungsstücks.
2. Leichtes Zurückneigen des Oberkörpers, gefolgt von einem eher plötzlichen Wiederhochschnellen.

Bolero

Von etwas gschamigen Tänzerinnen über dem freizügigen BH getragenes Kleidungsstück. Zu empfehlen bei Veranstaltungen in konservativen Kreisen.

Brustkorb

Bei isolierten Bewegungen des B. wird dieser nach rechts, links, vorne und hinten verschoben oder aber gehoben und gesenkt, wobei der Antrieb aus der Wirbelsäule kommt und andere, am B. befindliche Körperteile eher passiv mitschwingen. Je nach Umfang der betreffenden Anhängsel lassen sich zum Beispiel Brustkorb-Drops sehr eindrucksvoll gestalten.

Brustrolle

Im Gegensatz zur Erdbeer- oder Zitronenrolle noch nicht als Tiefkühlware erhältlich. Vielmehr handelt es sich hier um eine ziemlich heiße Angelegenheit: Die gesamte Oberweitenbreitseite wird nach vorn geschoben (für Tänzerin wie Publikum gilt: nicht aus dem Gleichgewicht geraten!), angehoben und dann kalt lächelnd wieder zurückgerollt.

Bühnen, glatte

Der Schrecken aller Bauchtänzerinnen. Um ungewolltes Ausgleiten, Rutschen oder gar Fallen zu verhindern, stehen der Künstlerin diverse Schuhsohlenbehandlungsmittel zur

Bühnen, glatte

Verfügung, angefangen bei einfachem Mineralwasser eines guten Jahrgangs über klebrige Limonaden bis hin zu stärker haftendem Honig. Nicht zu empfehlen sind synthetische Klebstoffe, die der Behendigkeit der Tänzerin u. U. starken Abbruch tun.

Bühnennebel, künstlicher Verhindert allzu kritische Blicke auf die leicht verhedderten Füße von Show-Anfängerinnen.

C

Camelwalk Bezeichnet eine wüstentypische, weil kräftesparende, der Hitze angemessene gemächliche Gangart ein- bis zweihöckriger sowie zwei- bis vierbeiniger Lebewesen. Bei der ein- bis zweihöckrigen, jedoch immer vierbeinigen Spezies ist diese Fortbewegungsart angeboren; von der immer zweihöckrigen und -beinigen Gattung muß sie häufig unter Aufbietung allerletzter Talentreserven mühevoll erlernt werden. Der Gang des echten Kamels schöpft seine Eleganz aus dem langsamen Vorschieben des schlanken Halses und des edlen Kopfes. Von allzu naturgetreuer Imitation sei hier abgeraten. Aufgrund der etwas andersgearteten Physis von Zweibeinerinnen schiebe die Tänzerin statt des Halses den Oberkörper zu einer von vorn nach hinten verlaufenden Brustrolle vor. Hat diese ihren Zenit erreicht, hebt das Becken seinerseits zu einer Rolle an, worauf nun wieder die Brust in die zweite Halbzeit rollt. Ist das Becken nach Rollenvollendung unter Vermeidung eines Hohlkreuzes in der Ausgangsposition hinten angelangt, geht's oben wieder los.

Camelwalk

Dabka

Choreograph Experte, der Musikstücke derartig in tänzerische Bewegung umzusetzen und dies weiterzuvermitteln vermag, daß ganze Schwadronen von Bauchtänzerinnen nicht umhin können, auf dem dritten Ton des siebtletzten Taktes von „Sey el hawa“ ihre rechte Hüfte hochzuhieven und beidhändig vertikale, versetzte Handwellen, begleitet von expressivem Kopfgleiten, zu vollführen.

Choreographie ... ist gut, Spontaneität ist besser. Für Solotänzerinnen ist dieses Motto durchaus geeignet, Tanzgruppenmitglieder sollten Abstand davon nehmen. Der spontane Entschluß, sich der Ch. zum Trotz linksherum zu drehen, während neun andere rechtsherum tanzen, stößt auf wenig Gegenliebe beim Rest des Ensembles.

D

Dabka In langer Reihe oder im Kreis getanztes libanesisches Männerballett, bei welchem man dem jeweiligen Nachbarn freundschaftlich die Arme um die Schultern legt. Da jeder Tänzer seinem spezifischen inneren Rhythmus folgt, hüpft ein jeder zu seiner Zeit in die Höhe, was der Monotonie des Reihen- oder Kreistanzes durchaus eine gewisse Lebhaftigkeit verleiht.

Darabukka In arabischen Schützen- und Karnevalsumzügen gebräuchliches Schlaginstrument, das im Gegensatz zur europäischen Grassschen „Blechtrommel“ mit der bloßen Hand gespielt wird. Schlegel oder Knüppel sind unüblich!

Dekolletés	Bei orientalischen Tanzkleidern nicht nur in Brusthöhe zu bewundern, sondern bei enganliegenden, langärmeligen Gewändern auch im Achselhöhlenbereich vorhanden; sie sorgen dort nicht nur für erstaunliche Einblicke (daher: Rasieren nicht vergessen!), sondern auch für eine ausgezeichnete Belüftung.
Derwisch	Durchgedrehter Tanzmönch mit Tellerröckchen.
Diwan	Westöstliches Ruhemöbel für erholungsbedürftige Bauchtänzerinnen. Findet schon Erwähnung bei Geheimrat von Goethe.
Doppeldrop	Orientalisches Gegenstück zum doppelten Rittberger (Drop = fallen; Doppeldrop = zweimal fallen).
Dramatik	Um D. wirkungsvoll in den Tanz einzubringen, ist Textkenntnis vonnöten. Fröhliches Grinsen bei Klassikern wie *Enta omri* ist ebenso fehl am Platze wie dramatische Gebärden, Augenrollen und Seufzer bei Schlagerliedchen à la *Yalla, bina, yalla* oder *Iskanderani*.
Drehung	Gehört zu jedem Tanz wie das Minarett zur Moschee. Bei längerem Drehen suche die Tänzerin sich einen Fixpunkt. Denn and'renfalls, gebroch'ner Hals.
Drops	1. Saure Bonbons für süße Bauchtanzmädels. 2. Gegenteil des Hüftlifts. Zwei rechts, zwei links, eine fallenlassen, ist eine recht beliebte Kombination.
Dumbak	1. Jemenitisch-arabisches Dialektwort für Dumpfbacke. 2. Dumpf klingende Trommel.

Drehung

enthaaren

E

Enta omri	= Du bist mein Leben. Bekannte Liebesarie der Orient-Diva Oum Koulsoum.
entgegengesetzte Bewegungen	Wo die europäischen Tänzer gleiches mit gleichem gesellen (rechtes Bein schreitet, rechter Arm schwingt), werden beim OT (siehe dort) vor allem die Tänzerinnen in den ersten Lernphasen von unerwarteten Posen überrascht. Hüft-Lift rechts wird mit erhobenem linkem Arm kombiniert, arabischer Viererschritt links mit *Salaam* rechts. Wem das Kontrastprinzip unlogisch erscheint, der belege lieber einen Menuett-Kurs.
enthaaren	Da das gesamte Erscheinungsbild einer Bauchtänzerin ein eher feminines ist, sollten männliche Attribute wie Körperhaare auf Brust, Beinen und in Achselhöhlen tunlichst entfernt werden. Dies geschieht durch fast schmerzfreie Methoden wie Bestreichen mit warmem Wachs und anschließendem Mit-der-Wurzel-Ausreißen oder durch die fast nebenwirkungsfreie Behandlung mit thioglycolathaltigen Chemikalien.
Entspannung	Durch den Gegensatz von An- und Entspannung entstehen schöne Bewegungen wie Hüftdrops oder Handwellen. Das Relaxen sollte jedoch niemals soweit gehen, daß sich die Tänzerin bei einem Auftritt auf ein Sofa wirft und sanft einschlummert.
Erdanziehungskraft	Kommt dann zum Tragen, wenn sich die Tänzerin mit lautem Platsch oder Plumps zum Bodentanz anschickt.

Erotik	Nur durch ein Versehen des mit allzu blühender Phantasie begabten Setzers in die Rubrik Bauchtanz geraten.
exotisch	Exotisches Flair läßt sich heutzutage mit orientalischen Tanzdarbietungen kaum noch verbreiten. Auf jeder vierten Imbißstuben-Eröffnung, jeder zweiten Betriebsfeier sowie auf jedem dritten achtzigsten Geburtstag ist Entsprechendes zu sehen. Da hilft nur noch die Einbeziehung von Schlangen, Feuerschlucken oder Glasscherbenlaufen, um das verwöhnte Publikum von den Stühlen zu reißen.

F

Feuer	Eins der vier Elemente, dessen Ausbruch beim Tanz mit dem *Schamadan* immer dann kurz bevorsteht, wenn die noch unerfahrene OT-Elevin nach der Vorführung ihr Haupt samt Leuchter vor dem Publikum neigt.
Finale	Ende eines Tanzes, bei dem der letzte Ton und die abschließende Bewegung oder Pose nach Möglichkeit übereinstimmen sollten. Verharrt die Künstlerin jedoch bereits des längeren bewegungslos bei noch laufender Musik, oder plagt sie sich trotz schon verebbter Klänge noch immer auf der Bühne herum, so kann das nur an der Unberechenbarkeit der orientalischen Weisen liegen.
Finger, blaue	(Siehe *Zimbeln.*) Entstehen häufig bei zimbelbegeisterten Tänzerinnen, die während einer ganzen Bauchtanz-Routine (20 bis 25 Minuten) ihre Fingerschellen nicht abstreifen wollen. Besonders der durch Herrn Effenberg unrühmlich

Feuer
SICHERHEITS-
VORSCHRIFTEN!

bekannt gewordene Mittelfinger verfärbt sich gern durch zu enge Gummis.

Flamenco

Im Tanz ist die langjährige historische Verbindung zwischen Arabern und Spaniern gut erkennbar. Wo die Flamenco-Tänzerin mit Kastagnetten klappert, klimpert die Bauchtänzerin mit Zimbeln. Flirtet die Spanierin hinter ihrem Fächer hervor, so macht die Araberin schöne Augen hinter ihrem Schleier.

Fleischbeschau

Hält sich beim OT (siehe dort) in Grenzen, da die gesamten Körperteile südlich des Nabels züchtig bedeckt gehalten werden. Im Vergleich zur lateinamerikanischen Sambatänzerin erinnert die Bauchtänzerin eher an eine keusche Novizin, vor allem beim Tanz mit dem Schleier.

Flöte

= Mizmar. In arabischen Folklore-Formationen spielt die F. dieselbe Rolle wie der schottische Dudelsack in britischen Militärkapellen. Der durchdringende Ton beider Instrumente ist dazu angetan, Freund und Feind gleichermaßen in die Flucht zu schlagen.

Folklore

Volkstümliche Tänze der verschiedensten Regionen, bei denen sich das Tragen eines zweiteiligen Kostüms verbietet. Wer hat schon syrische Bauernmädels beim Wasserschöpfen oder kuwaitische Fischersfrauen beim Netze-Einholen im perlenverzierten BH und mit hochgeschlitztem Zipfelrock gesehen?

Fransen

F. aus Stoff oder – etwas aufwendiger – aus farbigen Glasperlenschnüren an BH und Gürtel betonen die strategisch wichtigen Körperzonen, indem sie jede Bewegung optisch

Fransen

Fußkettchen

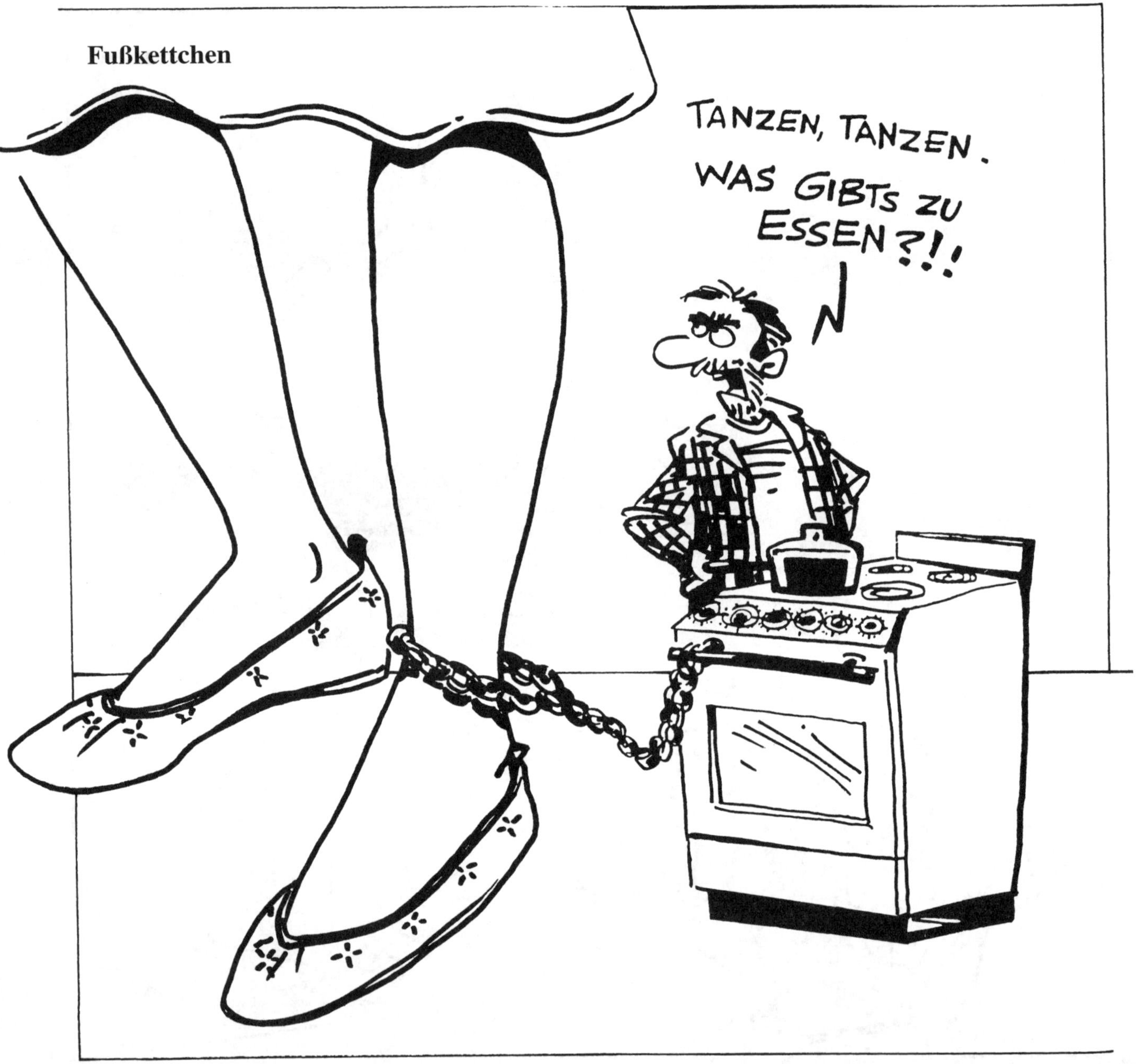

unterstreichen. Bei Perlenfransen, zusätzlich mit groschengroßen Pailletten beschwert, ergibt sich auch eine akustische Untermalung. Je nach Menge und Schwere des Materials kann die Tänzerin völlig auf weitere Rhythmusinstrumente verzichten. Fransen machen autark!

Füße Sehr häufig als hinderlich empfundene Körperteile, insbesondere von Inhaberinnen zweier gleicher (z. B. zweier linker) Exemplare.

Fundamentalismus Das zwischen BH und Gürtel eingefügte Moskitonetz an Kostümen ägyptischer Tänzerinnen ist auf den § 124, Absatz 3a der ÄTV (Ägyptische Tanzverordnung) zurückzuführen, der von fundamentalistischen Mullahs durchgesetzt wurde und Bauchfreiheit strikt untersagt. Diese moralisch unanfechtbare Vorschrift hat jedoch noch nicht den Umfang der Dekolletés geregelt.

Fußkettchen

1. Werden der Bauchtänzerin mancherorts vom eifersüchtigen Gemahl zur Gemahnung an ihre häuslichen Pflichten angelegt.
2. Schmückende Fesseln für die Fesseln.

G

Galabeya Langes, nachthemdartiges, in vielen arabischen Ländern übliches Gewand, das aber hauptsächlich am Tage von Herren getragen wird. Dazu passend die Tag- und Nachthäubchen wie die gestrickte Taqia oder die Filz-Lasa.

(Gamil) Gamal Partner von Aladin. Der eine ist ohne den anderen so undenkbar wie Stan Laurel ohne Oliver Hardy oder Fix ohne

Foxi. Auch „Herr der fliegenden Röcke (siehe *Tanoura)* und Stöcke“ genannt.

Garderobe

Oftmals weitläufige Räumlichkeiten von ungefähr 1,24 qm, in der die mit orientalischer Lebensweise bestens vertraute Künstlerin, umgeben von Kichererbsensäcken, Bügelmaschinen sowie palästinensischen Großmüttern, die Prozedur des Schminkens und Umziehens vollzieht.

Gegengleichheit der Bewegungen

Eine Gruppenchoreographie entsteht nicht vollautomatisch dadurch, daß zehn Frauen ungefähr das gleiche tanzen. Vielmehr lockert der erfahrene Choreograph das Bild durch gegengleiche Tanzfiguren auf. Lassen die links stehenden Damen ihre rechten Hüften in satten Drops fallen, so geschieht das bei den rechts stehenden mit links. Wenn jedoch alle rechten Tanzfreaks mit Hüfttwists nach links zur Mitte eilen, wo sie auf die von links kommenden zu treffen drohen, ist Vorsicht geboten. Hier hilft nur die OBVO (Orientalische Bühnenverkehrsordnung).

Geld

Bei der Entlohnung der Tänzerin für ihre Dienste werden verschiedene Arten der Geldübergabe beobachtet, je nach kulturellem Hintergrund des Gebers. Sie kann

1. auf okzidental-zurückhaltende Art durch Überreichen eines dezenten Briefumschlags oder durch noch verschämtere Überweisung getätigt werden. Diese Art ist wenig kommunikativ, auf keinen Fall zu vergleichen mit der
2. orientalisch-überschwenglichen Form, bei der besonderer Wert auf den direkten Kontakt zwischen Spender und Empfängerin gelegt wird. Innerhalb der orientalischen Ordnung unterscheidet man drei Untergruppen:

Garderobe
MEINE KONTAKT-LINSE!
ALDI

a) die maghrebinische,
b) die ägyptische,
c) die bahrainische.

Zu a): Dem lebensfrohen Naturell der Maghrebiner entsprechend, zeichnet sich diese Form durch unbekümmertes Berühren der Zielperson aus. Beliebt ist das Aufkleben von Geldscheinen auf die von verdampfender Körperflüssigkeit angefeuchtete Stirn sowie das Einklemmen der baren Zahlungsmittel zwischen ebenso barer Haut einerseits und BH-Träger oder -körbchen andererseits. Freude auf Geber- und Nehmerseite ist garantiert.

Zu b): Gemäß der herausragenden Historie seines Volkes neigt der Ägypter zu großen Gesten auch in den kleinen Dingen des Alltags. Hier wird nicht geklebt oder geklemmt, vielmehr läßt der Ägypter die einzelnen Scheine aus einem hoch über dem Haupt der Tänzerin erhobenen Geldbündel aus erhabener, an die pharaonische Gottähnlichkeit gemahnende Position auf die zu Beglückende herabregnen. Da der solcherart verteilte Geldsegen nur in gebückter Haltung aufgeklaubt werden kann, wird hier jedoch die Kluft zwischen Haben und Nicht-Haben spürbar.

Zu c): Wie anders wiederum verhält sich der bahrainische Emiratsbewohner! Als über viel Öl, viel Geld, aber auch viel Sinn für selbiges verfügender Geschäftsmann widerstrebt ihm das ungeordnete Scheinwerfen des Nilanrainers. Mit großem persönlichem Einsatz und unter Zuhilfenahme modernster westlicher High-

Geld
PLING!
DM
100.-

Gestik

Tech tackert er geduldig Schein um Schein zu einer ungemein schmückenden Geldkette zusammen, die er dann eigenhändig der Tänzerin um den Hals legt. Das ist arabische Lebensart vom Feinsten.

Generalprobe Sollte unbedingt in Anwesenheit eines militärischen Würdenträgers, des Choreographen und auf der für die eigentliche Tanzvorführung vorgesehenen Bühne stattfinden. Hier ergeben sich allerletzte Möglichkeiten für choreographische Änderungen. Einer alten Bühnenweisheit zufolge zieht eine verpatzte G. eine glänzende Aufführung nach sich. Manchen orientalischen Shows gehen hervorragende G. voraus.

Gestik Die Tänzerin gehe nicht von der irrigen Annahme aus, die Sprache der Gebärden sei international. In weiten Teilen Europas gibt man seiner Anerkennung für gute Qualität Ausdruck durch Zusammenführen des Daumens und Zeigefingers einer beliebigen Hand zu einem kleinen Kreis. Das gleiche Signal verweist im Orient auf eine rückwärtige Körperöffnung. Also Vorsicht, it's not cool, girl!

Ghawazee Angehörige eines in Ägypten ansässigen Zigeunerstammes, denen Professionalität nicht nur auf dem Gebiet des Tanzes nachgesagt wird.

Gleiten Sehr schnelle Fußbewegung, meist auf gut gebohnerten Bühnen vollführt, die manches Mal in einen vorher nicht geprobten Spagat mündet. Wird auch gerne auf den Zipfeln des eigenen Schleiers ausgeübt.

Grundhaltung Die ausgesprochen elegante G. des OT (siehe dort) besteht aus aufgerichtetem Oberkörper, etwa schulterbreit voneinander entfernten, flachen Füßen, leicht gebeugten Knien und locker hängendem Steiß. Glücklicherweise wird das meiste von knöchellangen Röcken oder Pumphosen umflattert.

Grundkurs

Hier werden Grundsatzfragen der Anatomie, Geographie und der Mathematik erörtert, wie z. B.:

1. Welche Körperteile besitze ich, und wo ungefähr befinden sie sich vor und nach einer Bewegungssequenz?
2. Wo ist rechts und links?
3. Wie zählt man von eins bis vier (Baladi-Rhythmus) oder von eins bis acht (Masmoudi-Rhythmus)?

Gürtel

Wird im OT nicht als Haltevorrichtung für Strümpfe, Hosen oder Röcke mißbraucht, sondern nimmt eine dekorativ-demonstrative Funktion für die urweiblichste aller Zonen, nämlich der des Beckens und der Hüften, wahr. Während die Hüften zwar in ihrer Form und Fülle vom Gürtel betont, aber auch von ihm bedeckt werden, darf der Bauch mit sämtlichen Speckröllchen über ihm hervorquellen.

H

Haartanz

Dieser Tanz ist in Saudi-Arabien und den Golfstaaten zu Hause und lebt vom Hinundherwerfen des Kopfes, wobei die Mädels ihre Haarpracht zeigen. Sehr eindrucksvoll bei Mecki-Schnitten und lose sitzenden Zweithaartrachten.

Haarteile

Unentbehrliches Zubehör bei getanzten Humoresken. Nichts ist witziger als verrutschte Perücken oder H., die sich am Armreif der Tanzpartnerin verfangen und nun die derangierte Erstfrisur der Tänzerin freigeben.

Haarteile

Hüftacht

Hagalla	1. Orientalischer Halli-galli. 2. Brautwerbetanz von Beduinen.
Halbmondschritt	Kombination aus Kreuzschritt und Hüftstupser oder Lift, die keinesfalls bei Vollmond getanzt werden sollte.
Handhaltung	Bei vielen Hüftbewegungen ist die begleitende Handhaltung eine betonend-hinweisende nach dem Motto: Guck mal, was da zuckt! Bei ein- bis zweideutigem Beckenkippen wird jedoch nicht noch hervorgehoben, sondern die Tänzerin bedeckt verschämt ihre Augen vor lauter Betroffenheit über das schamlose Treiben ihres Beckens.
Handkantenschlag	Zu einem harten Seit-Hüftkick passende Handbewegung, mit der man aufdringliche Zuschauer wirksam außer Gefecht setzen kann.
Hip-extension	Englisch für Hüftausdehnung oder -erweiterung. Diese weite Seitwärtsbewegung sieht man häufig bei schmalhüftigen Tänzerinnen, die dadurch ihre körperlichen Schwachstellen gegenüber Damen mit Rubensscher Leibesfülle auszugleichen trachten.
Hüftacht	Unseren heute verwendeten Ziffern liegen bekanntlich die arabischen Zahlzeichen zugrunde. Auch im Tanz wird gerne an den mathematischen Erfindungsgeist der Araber erinnert, indem die Tänzerin die Beckennull (oder auch -kreis) sowie die H. zeigt. Während die Sex hin und wieder gelungen präsentiert wird, erweist sich jedoch die tänzerische Wiedergabe der Zahlen von eins bis fünf sowie der Sieben als extrem schwierig.

Hüftgleiten

Horizontales Verschieben der Hüften ohne Zuhilfenahme von Füßen oder Knien. Während Oberkörper und Kopf streng nach vorn ausgerichtet sind, gelingt es der seitlich ausgefahrenen Hüfte ohne weiteres, Schubladen oder gar Türen zuzuknallen.

Hüftschleife

1. Stoffornament zur Betonung eines im OT (siehe dort) wesentlichen Körperteils.
2. Bewegung, bei der die rechte und die linke Hüfte abwechselnd vertikale Kreise vollführen. Von hoher Kunstfertigkeit zeugt die eingesprungene Variante, bei der es nicht auf die Höhe des Hüpfers, sondern die Tiefe der Landung ankommt, wodurch beim Publikum die Illusion eines vorausgegangenen zirkusreifen Sprungs entsteht.

I

Inch'allah

= So Gott will. Branchenübliches, vielseitig verwendbares Stoßgebet. Anwendungsbeispiele:

1. I. beträgt die Wartezeit bis zu meinem Auftritt – im Anschluß an den Zauberer, die persische Band sowie den rheinischen Stimmungssänger – heute nur ca. zweieinhalb Stunden.
2. I. wird die Band ihre Kabel und Instrumente wegräumen, auf daß ich mir weder auf ihnen den Hals breche noch mich in ihnen verfange.
3. I. sind zu den anfänglichen 20 Zuschauern noch mindestens 7 1/2 hinzugekommen, so daß der Veranstalter zumindest meine Gage bezahlen kann.

Hüftschleife

Ishtar

Interpretation

Das Prädikat „künstlerisch wertvoll" erhält die Tanzvorführung, die eine möglichst exakte Übereinstimmung zwischen arabischem Text und tänzerischer I. erkennen läßt. Bei Auftauchen des Wortes *aïny* im Liedtext bewegen sich die Hände in kleinen Wellen vor den Sehorganen. Bei *'albi* greifen beide Hände (der Tänzerin!) an oder unter den linken Busen. Bei *al-leil* (= die Nacht) lassen wir wie Karl Dall die Augenlider hängen, um so den erwünschten Schlafzimmerblick zu erzielen.

Invalidenschritt

Seit-Nachstellschritt, bei dem die hintere Hüfte stark hochgezogen wird. Der Schritt heißt nicht nur so, sondern sieht bei manchen Tänzerinnen auch so aus.

Ishtar (auch: Astarte)

1. Assyrisch-babylonische Fruchtbarkeits- und Kriegsgöttin.
2. Begnadete Tänzerin von extraordinärem Format. Die deutsche Antwort auf Nagua Fuad und Mona Saïd zusammen.

Iskanderia

Arabischer Name für die ägyptische Hafenstadt Alexandria am Nil. Hier hat sich ein eigenständiger Tanzstil, der Iskanderani, entwickelt, ähnlich wie man in Köln am Rhein den Funkenmariechentanz pflegt.

Isolation

1. Technik, die angewandt wird, um geplagte Nachbarn durch bauliche Maßnahmen vor den aus einem Bauchtanzstudio dringenden Klängen zu schützen.
2. Fertigkeit, durch die man einzelne Körperzonen zu heben, senken, drehen, twisten, schieben, rollen vermag, ohne dabei das restliche Gefüge in Gang zu setzen.

Kassetten

J

Jamila Weitverbreiteter Künstlername für Bauchtänzerinnen. Achtung! Heißt übersetzt: die Schöne.

Jesses-Maria-Josef In unserem christlichen Abendland Verzückung bekundender Ruf angesichts kaum bedeckter, walkürenhaft ausufernder Fleischmassen bei Bauchtänzerinnen.

K

Kamandscha (= Spießgeige) Ein viersaitiges Instrument der arabischen Kunstmusik, das seinen Namen zu Recht trägt. Bei noch nicht sehr virtuosen Spielern klingt sie wie das Ächzen eines am Spieß Gemarterten.

Kassetten und CDs sind technische Errungenschaften, die im Gegensatz zu einem Live-Musiker unvorhergesehene Tempi-Wechsel der Tänzerin nicht auffangen können. Da, wo der real existierende Musiker zur Not durch wildes Gestikulieren auf den längst fälligen Einsatz hinweisen könnte, läuft die Kassette gnadenlos weiter.

Khaled Strahlemann aus Algerien, der eines seiner Rai-Lieder erstaunlicherweise einem deutschen Komiker (Hallervorden) widmet: Didi, Didi, Didi, Didi, Didi-wah!

Khalil, Hassan Humoriger Halbglatzenträger und tanzender Professor aus *Al-Qahira*.

Kleid Laut Kleiderordnung des OT (siehe dort) sind Zweiteiler dem *raqs scharqi* vorbehalten, Baladi oder Folkloretänze

	werden in durchgehenden Kleidern getanzt. Bei Zuwiderhandlungen droht Image-Verlust sowie Ausschluß aus dem Verband (siehe dort) orientalischer Tänzerinnen.
Kleopatra-Brücke	1. Zahnersatz einer ägyptischen Herrscherin. 2. Verführerische Stellung beim Bodentanz, bei der sich die Tänzerin zu drei Vierteln hinlegt.
Knacken	Mit dem K. von Knochen und Gelenken begleitet die altgediente Tänzerin – sie betörte schon den jungen König Feisal von Saudi-Arabien (geb. 1907) – rhythmisch ihre Bewegungen und wird dadurch nahezu unabhängig von Tonträgern jedweder Art.
Kölsche Bauchtanzmusik	Als westlichste Stadt des Vorderen Orients mit ca. 75.000 türkischen, 6.000 iranischen und 10.000 maghrebinischen und anderen arabischen Einwohnern wurde Köln auch auf dem musikalischen Sektor beeinflußt. Kölsche Bands wie „L.S.E.“ und „Höhner“ ließen sich zu kölsch-türkischen („Hallebad“) oder kölsch-maghrebinischen („Schirokko in Marokko“) Stücken hinreißen. Das ist in Wahrheit multi und kulturell.
Kombination	1. Tanztheoretisch: Zusammenfügen von Schritten und Bewegungselementen zu einer kleineren Einheit. 2. Tanzpraktisch: Verbinden von Bauchtanzbeweglichkeitsübungen und häuslichen Verrichtungen. Beim Suppenumrühren üben wir z. B. den Beckenkreis, beim Bügeln das Hüftgleiten. Das Fußleistenwischen inspiriert uns zum Bodentanz, hingegen das Bedienen eines Mixers auf Stufe drei zu wilden Shimmies.

Kombination

Konkurrenz
K.-denken ist im OT (siehe dort) so gut wie unbekannt. Alle Bauchtänzerinnen sind Mitglieder einer großen glücklichen Familie. Wo außer in Ammenmärchen wie Aschenbrödel oder Schneewittchen hätte man je etwas von mißgünstigen weiblichen Angehörigen vernommen? Sollte dennoch plötzlich ein Fall von K.-neid auftreten, so stehen Stock oder Schwert zur Beilegung des Konflikts zur Verfügung.

Kontakt
K. zum Publikum wird von der Bühne herab meist durch Anblicken, seltener durch Anreden oder Zuzwinkern hergestellt. Befindet sich die Tänzerin jedoch auf gleicher Ebene mit den Zuschauern, so kann eine erste Fühlungnahme dadurch erfolgen, daß die Tänzerin ihren Schleier ganz leicht über die Köpfe ihrer Bewunderer hinwegstreifen läßt. Aber geben Sie Obacht bei bereits servierten Speisen! Weitere einfühlsame Begegnungen entstehen durch gezieltes Werfen des Tanzstocks und schließlich – als Krönung – durch Niederlassen auf dem Schoß eines willfährigen Betrachters.

Koordination
Harmonisches Zusammenspiel von Körperteilen, die in die verschiedensten Himmelsrichtungen streben. Den schwarzen Gürtel im Koordinieren erhält die Künstlerin, die dabei noch singt, zimbelt sowie einen *Schamadan* oder ein Schwert auf ihrem Haupt trägt oder aber ein orientalisches Märchen erzählt.

Kopfgleiten
Ursprünglich eine in Gespensterzirkeln beliebte Übung, bei der sich das (oft blutüberströmte) Haupt unabhängig vom Rumpf hierhin und dorthin bewegt. Von OT-Kreisen übernommene, hier weit weniger dramatische Bewegungsform, bei der es der Tänzerin gelingt, unauffällig auch in weiter

Kontakt

Krücke

entlegene Ecken des zu betanzenden Raumes zu schielen. Dient als Orientierungshilfe!

Kopfwackeln

Bezeichnet hier nicht erste Anzeichen von Senilität bei einer bereits in die Jahre gekommenen Tänzerin, sondern ein recht neckisches Bewegungselement, das meist von einem entsprechenden Augenaufschlag begleitet wird.

Kostüm, komplettes

Da die Tänzerin sozusagen ein Gesamtkunstwerk darstellt, kann die Aufführung schon als halbwegs gelungen betrachtet werden, wenn das K. nur die ganze Pracht des Orients entfaltet. Spätestens nach intensivem Training von ca. drei dreiviertel Monaten sollte sich daher jede Tänzerin in spe eine vollständige Ausstattung mit BH, Rock, Schleier und Gürtel zulegen. Ihr Bauchtanzstudio – zugleich Bazaranbieter – wird es ihr danken.

Kreis

des Beckens, Brustkorbs oder des Kopfes.

1. Horizontal: (Keine Angst, niemand wird aufs Kreuz gelegt!) Die gewünschte Körperpartie wird nach vorne, zur Seite, nach hinten und zur anderen Seite geschoben.
2. Vertikal: Senkrechtes Verschieben verläuft von oben, zur Seite, nach unten, zur Seite. Bei Verrenkungen oder Zerrungen fragen Sie bitte Ihren Chiropraktiker.

Krücke

1. Abfällig für eine etwas langsame Tänzerin.
2. Gekrümmtes Ende des Tanzstocks. Das Abreißen von Girlanden, Lichterketten oder anderen Dekorationsartikeln mit Hilfe von K. wird nur dann gern gesehen, wenn das Ende der Veranstaltung abzusehen ist und sonst sowieso keiner Lust zum Aufräumen hat.

Krug

Unerläßliches Requisit für die Darstellung des Wasserholens durch arabische Bauernmädels in Folkloretänzen. Das Publikum wird gebeten, während des Abstellens der Krüge keinerlei Flüssigkeiten in dieselben einzufüllen. Auch nicht aus Jux und Dollerei!

Künstlernamen, orientalische

Zur Einstimmung des Publikums auf eine Bauchtanzdarbietung ist die Ankündigung einer Fatima, Suleika oder Leila wirkungsvoller als die Ansage einer Frau Gerda-Brunhilde Bolthammer-Leutensiepen.
Zu Überraschungen kommt es in manchen Fällen, wenn orientalischer Name und teutonisches Erscheinungsbild einer blonden, sommersprossigen Hünin aufeinanderprallen.

L

Lächeln

Innere Heiterkeit der Trägerin vermittelnder Gesichtsausdruck, der auf jeden Fall dem Auf-die-eigenen-Füße-Starren vorzuziehen ist, jedoch nicht während einer 15minütigen Tanzvorführung festfrieren sollte. Ist aber unbedingt einzusetzen beim Herabfallen von Wachstropfen oder ganzen Kerzen (siehe *Schamadan*, Feuer) auf nackte Haut oder teure Kleidungsstücke.

Lift

1. Fortbewegungsmittel für fußkranke Tänzerinnen.
2. Anheben von bereits plissierten Hautteilen durch den plastischen Chirurgen zwecks weiterer Akzeptanz der Tänzerin durch das geneigte Publikum.
3. Schnelles Hochwerfen der Hüften.

Krug
MŪNCHNERIN?

Make-up

M

Madame Abla	Die Coco Chanel der Couture Orientale.
Männer	Im internationalen Bauchtanzbusiness bestenfalls in untergeordneten Positionen wie der des Folkloretänzers, Musikers, Bauchtanz-Schuppeninhabers, Choreographen oder des Managers anzutreffen, davon einmal abgesehen aber völlig bedeutungslos.
Mahmoud	In Kairo, genauer: im Khan-el-Khalili-Bazar, ansässiger Beglücker fast aller Bauchtänzerinnen. Er fertigt, beschafft und lagert das komplette Belly-dance-outfit. Seine am okzidentalen Wirtschaftswachstum orientierten Preise treiben mancher Tänzerin heiße Zähren ins kajalumflorte Auge.
Make-up	Je bunter, dicker, auffälliger, desto besser. Achtung: Bei starker Mimik kann ebenso heftiges Abbröckeln eintreten.
Mariä Lichtmeß	Günstiger Termin für ein Tänzchen mit dem *Schamadan*.
Maskentanz	Der auch Bandari genannte Tanz kommt aus der am Persischen Golf gelegenen Hafenstadt Bandar Abbas. Das Praktische an diesem der nomadisch-iranischen Kultur entstammenden Tanz ist, daß die Tänzerin sich hierbei das lästige Make-up-Auflegen erspart und statt des ewigen Lächelns auch mal ein grimmiges Gesicht aufsetzen kann, ohne daß es ihrer Ausstrahlung schadet.
Mazloum, Nelly	Die Grande Dame des ägyptischen Bauchtanzes, die ihre Workshops mit wenig damenhaften, dafür um so deftigeren, ihrer eigenen Anschauung entstammenden Schilderungen

über das Leben und – vor allem – Treiben der mitunter recht leichten *Ghawazee*mädchen würzt.

Melaya

Hierbei handelt es sich nicht um eine tropische Krankheit, sondern ein großes schwarzes Tuch, in das sich die Tänzerin beim Iskanderani zunächst hüllt, um bald darauf zu zeigen, was sie alles drunter und drauf hat.

Mimik

Ein den Tanz stark belebendes Element. Ein starres oder verschlossenes Gesicht macht den aufreizenden Brustshimmy oder die laszive Hüftbewegung unglaubwürdig. Dennoch setze man die M. nur wohldosiert ein. Ein zuckender rechter Mundwinkel bei Hüftlift rechts oder ein zugekniffenes linkes Auge bei Schultertwist links wirken mitunter etwas übertrieben. Gegen leichtes Hochziehen der entsprechenden Augenbraue oder des Nasenflügels ist jedoch nichts einzuwenden.

Mittanzen

(des Publikums) Hierzu wird gern bei eher privaten Veranstaltungen mit Bauchtanzeinlagen aufgefordert, einerseits zur Entlastung der Tänzerin, andererseits zur Gaudi der (Noch-!)Nicht-Aufgeforderten, die sich an den Leibesübungen des hochbetagten Jubilars oder der pfundigen Base ergötzen.

Motivation

für den Eintritt in eine Bauchtanzgruppe:

1. Die gescheiterte Aufnahme in die Truppe des Pariser Lido wegen mangelnder Größe oder überbordender Fülle,
2. Ausleben des Tanztriebs in Unabhängigkeit vom nichttanzenden Lebensabschnittspartner,
3. schnöder Mammon.

Melaya
RUNTER MIT DEM LAPPEN!

Musik, orientalische

Mund Um den Energiefluß zwischen Künstlerin und Publikum in Gang zu setzen und zu erhalten, sei der M. der Tänzerin leicht geöffnet. Zusammengepreßte Lippen unterbrechen die positiven Schwingungen, eine Knoblauchfahne allerdings mit Sicherheit auch.

Musik, orientalische Besonders bei Anfängern oft ungeliebte, weil beeinträchtigende Begleiterscheinung des Tanzes. Ist der Bewegungsablauf eines arabischen Viererschritts im Kreis, gefolgt von einem erst rechts, dann links ausgeführten Pas de bourrée mit Hüftdrop auf der Vier, der dann nahtlos in vor- und rückwärtige Arabesken übergeht, gerade internalisiert, dann gibt es nichts Ärgerlicheres als den Ausruf der Bauchtanzlehrerin, der da lautet: „Und das Ganze jetzt mit Musik!“

N

Nubier Die Bajuwaren Ägyptens, obgleich sie unter ihren wallenden *Galabeyas* vermutlich keine Lederhosen tragen. Doch klingt ihre Musik für den Unterägypter ebenso südlich-exotisch wie die bayerische Musi für den Westfalen.

Nubier, Tänze der Bayern wie Nubier betonen gern ihre kulturelle Eigenständigkeit, die ihren Ausdruck in ländlich-bodenständigen Tänzen findet. Der nubische Stampftanz steht zum *raqs scharqi* in genauso krassem Gegensatz wie der Schuhplattler zum Sterbenden Schwan.

O

Oberteil — Das klassische Bauchtanzoberteil ist der reichverzierte BH. Daneben gibt es das bravere Blüschenoberteil. Für die ganz Wagemutigen sind auch ungemein stoffsparende Troddeln oder Glöckchen im Sortiment, welche sehr hübsch bei vertikalen Brustkreisen zur Geltung kommen.

Ohren — Die einzigen Körperteile, die beim OT (siehe dort) nicht zu wackeln haben.

OT — Die hier verwandte Kurzform steht nicht für „Offene Tür“, sondern für die von Puristen gerne benutzte Bezeichnung „orientalischer Tanz“. Denn auch im Orient tanzt nicht der Bauch allein.

Ottomane — Im Séparée eines Bauchtanz-Schuppens befindliches osmanisches Sofa, das der Kommunikation zwischen der Tänzerin und dem Scheich o. ä. dient.

Oum Koulsoum — Die Maria Callas der orientalischen Musik.

P

Pailletten — (und Perlen) Winzige glänzende Schmuckpartikel, die sich in jedem Haushalt mit Bauchtänzerin nicht nur auf Kostümen und in Nähkörbchen, sondern auch in Bettritzen, Katzenklos und bei kurzsichtigen Damen anstelle von Liebesperlen auch auf Geburtstagstorten wiederfinden.

Oberteil

Palmen

Palmen

1. Populäre Kulissen für Orient-Darbietungen. Bei Leuchtertänzen wähle man die schwer entflammbaren, bei Stock- und Schleiertänzen die Sorte mit den bei Gefahr (nahende Stockkrücken oder Schleierenden) automatisch hochklappenden Wedeln.
2. Zufluchtsorte für verzweifelte Veranstalter, die notorisch zu spät kommende KünstlerInnen unter Vertrag haben.

Pannen

Frohsinn verbreitende Showeinlagen, als da sind: Stürze, Verlust von Kostümteilen oder Requisiten, verfrühtes oder verspätetes Betreten der Bühne, Weglassen oder eigenwilliges Abändern von Choreographiepartien durch einzelne Tanzgruppenmitglieder, usw. usf. Der Phantasie des Ensembles sind keine Grenzen gesetzt.

Parfum

Sollte vor allem in sehr dämmerigen Schuppen reichlich benutzt werden, damit die Tänzerin – wenn schon nicht gesehen – so doch wenigstens rein riecherisch ohne weiteres aufgespürt werden kann.

Pas de bourrée

Der Ruf „Pas de bourrée" aus dem Munde des Choreographen verweist nicht auf einen Mangel an Stampfkartoffeln für das gemeinsame Mahl der Ensemblemitglieder (vgl. pas de purée), sondern auf eine Sequenz mit je einem vorne und hinten gekreuzten Schritt.

Pendel

1. Parapsychologisches Instrument zur Befragung bereits verblichener orientalischer Tänzerinnen zu Themen von allgemein bauchtänzerischem Interesse, wie z. B.: „Wo kommt der Shimmy denn nun eigentlich her, aus den Hüften oder aus den Knien?"

Plié

	2. Deutsche Bezeichnung für Twist oder auch links und rechts abwechselndes Vor- und- Zurückstoßen von Hüften, Schultern oder Oberkörperhälften.
Pferdchen	Neckischer kleiner Sprung in Tateinheit mit einem angewinkelten Knie und zurückgeworfenem Kopf. Aber bitte nicht dabei wiehern!
Pickel	Hautunreinheiten, die im allgemeinen justament vor größeren Shows auftreten. Abhilfe: Durch Übermalen mit einem Kajalstift als Schönheitsfleck tarnen. Hinweis: Tarnung nur bei vereinzelten Exemplaren ratsam.
Plié	(frz. plier = falten, beugen, knicken) Der Befehl „Plié" des orientalischen Tanzlehrers europäisch-klassischer Provenienz heißt in selteneren Fällen, daß die Tänzerin aufgrund ihrer Fehlleistungen gebeugten Hauptes – weil tief beschämt – einhergehen, sondern meist lediglich, daß sie in den Knien einknicken muß.
Probe (des Kostüms)	1. Anprobieren des in Ägypten oder der Türkei georderten, sündhaft teuren Fummels, das häufig mit der Feststellung endet, daß die orientalische Schneiderin das Klischee der deutschen Frau schlechthin vor Augen hatte und deshalb die Maße einer Wagnerschen Brünnhilde zugrunde legte. 2. Erproben des Kostüms auf seine Tanztauglichkeit. Bewegungen, die im einfachen Gymnastikanzug bestens gelingen, erweisen sich jetzt als ausgesprochen tückisch. So droht der Busen bei starker Vorwärtsneigung aus seinen Körbchen zu hüpfen, oder aber das elegante Hinknien

scheitert am etwas zu eng bemessenen Rock. Ganz zu schweigen von den üppigen Perlenfransen an Kleid und Armstulpen, die sich ständig mit denen der Tanzpartnerin zu vereinigen trachten.

Prostitution Bösen Gerüchten zufolge vollführe die Bauchtänzerin in manchen Ländern nicht nur horizontale Becken- oder Brustkreise, sondern betätige sich auch anderweitig horizontal. Angesichts der selbst für Amateurtänzerinnen enorm hohen Gagen verweisen wir solch üble Nachrede ins Land von Ali Baba und Kalif Storch.

Publikum

1. An guten Tagen: die freundlich dreinblickenden oder gar begeistert klatschenden Menschenmassen.
2. An schlechten Tagen: die mit bösen Argusaugen und spitzen Zeigefingern bewehrten Monster, die hohnlächelnd auf den nächsten Patzer lauern.

Pumphose Von mit weltlichen Gütern nicht gesegneten Tänzerinnen geborgtes, fülliges Beinkleid, das ohne oder auch unter einem Rock getragen werden kann.

Q

qalbi (Hocharabisch) für *'albi* (ägyptisch-arabisch). Nicht zu verwechseln mit *kalbi* (= mein Hund)! Q. befindet sich da, wo der Kardiologe das Stethoskop ansetzt. Beim Grand Prix de la Chanson de l'Arabo-Vision besteht keine Gewinnchance, wenn nicht mindestens viermal pro Strophe q. (= mein Herz) besungen wird.

Pumphose

Qual

Entsteht
1. beim Zuschauer, wenn die Tänzerin bei einem längeren Musikstück (13 – 17 Minuten) mit refrainartigen Wiederholungen zum 12. Mal die gleiche Kombination tanzt,
2. beim Choreographen, wenn er sein als fröhlichen Saidi-Stocktanz entworfenes Opus als dramatischen Bodentanz umfunktioniert findet.

R

raqs scharqi

Der Okzident gefällt sich darin, alles ganz prosaisch beim Namen zu nennen, wohingegen der Orient blumige Umschreibungen liebt. Die nur indirekt genannte Geliebte taucht z. B. im Lied als *ya ainy, ya leli* (o du mein Auge, o du meine Nacht) auf. Bei der Tanzbenennung r. s. wird uns ebenfalls nicht auf westlich rüde Art der zentrale Körperteil aufs Auge gedrückt wie beim Wort „Bauchtanz“, sondern es wird lediglich geheimnisvoll auf den Ursprung des Tanzes irgendwo in den weiten Gefilden des Ostens verwiesen (*al sharq* = der Osten).

Reza

Echter Langhaar-Perser (ca. 1,83 m × 0,605 m) und Kereshmetanzspezialist, dessen anmutige Hand- und Armbewegungen viele Tänzerinnen vor Neid erblassen lassen.

Rhythmus

Die Tänzerin, der es gelingt, absonderliche orientalische Rhythmen (9/8-*Karshlimar* oder 11/17-*Isnichwar*) auf ein viergeviertelte Normalmaß zurückzuschrauben, besitzt R.-Feingefühl. Sodann gilt die Devise: Ist der Rhythmus ruiniert, tanzt es sich ganz ungeniert.

Reza

Säbeltanz

Rock	Waden- oder knöchellange, meist am Gürtel der Tänzerin befestigte Stoffbahnen, die es auch der Tänzerin mit Beinproblemen (O oder X) erlauben, den OT (siehe dort) in ästhetisch annehmbarer Form zu präsentieren.
Rolle	1. Zustand, aus dem man niemals fallen sollte, selbst wenn das angebotene Honorar lächerlich gering ist. 2. Von vorne über oben nach hinten – alles klar? – ausgeführte Kreisbewegung des Brustkorbs oder des Beckens.
Rundungen	Entsprechen eher dem orientalischen Schönheitsideal als Ecken und scharfe Kanten. Dies gilt sowohl für den Hausals auch für den Körperbau.

S

Säbeltanz	Für wehrhafte Amazonen geeignete Tanzform.
Salaam	Geste, mit der man zu Beginn des Tanzes sein Publikum begrüßt, indem man die rechte Hand zur Stirnmitte führt. Der Gruß sollte in alle Richtungen erfolgen, wobei aber die Hand niemals die eine oder andere Schläfe berühren darf, da hierdurch entweder ein militaristischer oder gar ein karnevalistischer Eindruck entstehen könnte.
Schamadan	Sehr beliebtes, auf dem Kopf zu tragendes Tanzutensil, bestehend aus einem vielarmigen metallenen, in drei Etagen auf einer Kopfhalterung befestigten Kerzenleuchter. Das den Kopf von der Stirn bis zum Hinterhaupt umschließende Metallband sollte ungefähr in Augenbrauenhöhe sitzen, keines-

Schleiertanz

falls tiefer, da sonst die Sicht trotz der vielen Lichter, die auf dem Kopf entzündet werden, stark beeinträchtigt ist.

Schamadan, Tanz mit dem

Sollte es der Tänzerin durch die Mithilfe einer technisch versierten Person gelungen sein, alle Einzelteile des Leuchters fest miteinander zu verschweißen und sturmsicher auf ihrem Haupt anzubringen, falls auch die Höhe des zu betanzenden Raumes bereits überprüft und eventuell herunterhängende Dekorationsmaterialien entfernt worden sind, kann der Tanz beginnen. Wir empfehlen hierfür eher ruhige Bewegungen. Übertriebenes Hüpfen oder Kopfwackeln verbietet sich aus pyrotechnischen Gründen. Auch Zugluft beim Entree ist unbedingt zu vermeiden, führt sie uns doch unweigerlich in die totale Finsternis. Halten Sie für alle Fälle ein Feuerlöschgerät sowie Ihre Feuerversicherungspolice bereit.

Schielen

In Gruppentänzen übliche Augenbewegungen, durch die eigene Ausfallerscheinungen kaschiert werden sollen.

Schleier

1. Zum Versteckspiel geeignetes Requisit, das in manchen Fällen besser nicht gelüpft werden sollte.
2. Als Kopfputz von islamisch-orthodoxen sowie solchen Tänzerinnen benutzt, die seit längerem auf einen Friseurbesuch verzichten mußten.

Schleiertanz

(= *raqs al manadil*) Großmeisterin im S. war die alttestamentarische Salome, die es auf die Rekordzahl von sieben Schleiern brachte. Manch einer Tänzerin der Moderne gelingt es ohne weiteres, sich selbst in einem einzelnen Exemplar hoffnungslos zu verirren.

Schmetterlings-Schwingen	Frühlingshaft anmutendes Schleiertanzexperiment. Die Tänzerin umhüllt dazu mit dem Schleier ihre Arme, bewegt diese auf und nieder und hebt dabei langsam in höhere Sphären ab.
Schmuck	Wesentlicher Bestandteil des OO (= Orient-Outfit). Ringe, Reifen, Kette, Diademe zieren Köpfe, Ohren, Nasen, Hälse, Arme, Finger, Bäuche und Füße. Schwergewichtige Juwelen können jedoch eine gewisse unschöne Vorderlastigkeit hervorrufen. „Ist der Schmuck gar zu bombastisch, wird die Tänz'rin vorderlastig!" [-ig = isch] (Weissagung eines ins Rheinland emigrierten jordanischen Sehers.)
Schuppen	1. Kopfhautteilchen, die vor dem Tanz vor Publikum sorgsam entfernt werden sollten. Es sei denn, es handelt sich um den „Tanz der Schlange", deren Häutung tänzerisch interpretiert wird. 2. Pejoratives Wort für ein Bauchtanzlokal, vermutlich von neidischen Volkstanz-Fans geprägt.
Semi-Profi	Tänzerin, die nur durch Widrigkeiten wie Haus, Hof, Kind, Kegel und Haupterwerbstätigkeit vom Sprung zur Profikarriere abgehalten wurde, es ansonsten durchaus mit einem Vollprofi aufnehmen kann, insbesondere was Honorarforderungen und äußere Aufmachung wie Haar- und andere Ersatzteile anbelangt.
Semiramis	1. Sagenumwobene Herrscherin im alten Assyrien, die durch eines der sieben Weltwunder, nämlich die „Hängenden Gärten", Berühmtheit erlangte. 2. Ebenso sagenumwobene Tanzgruppe in einem der westli-

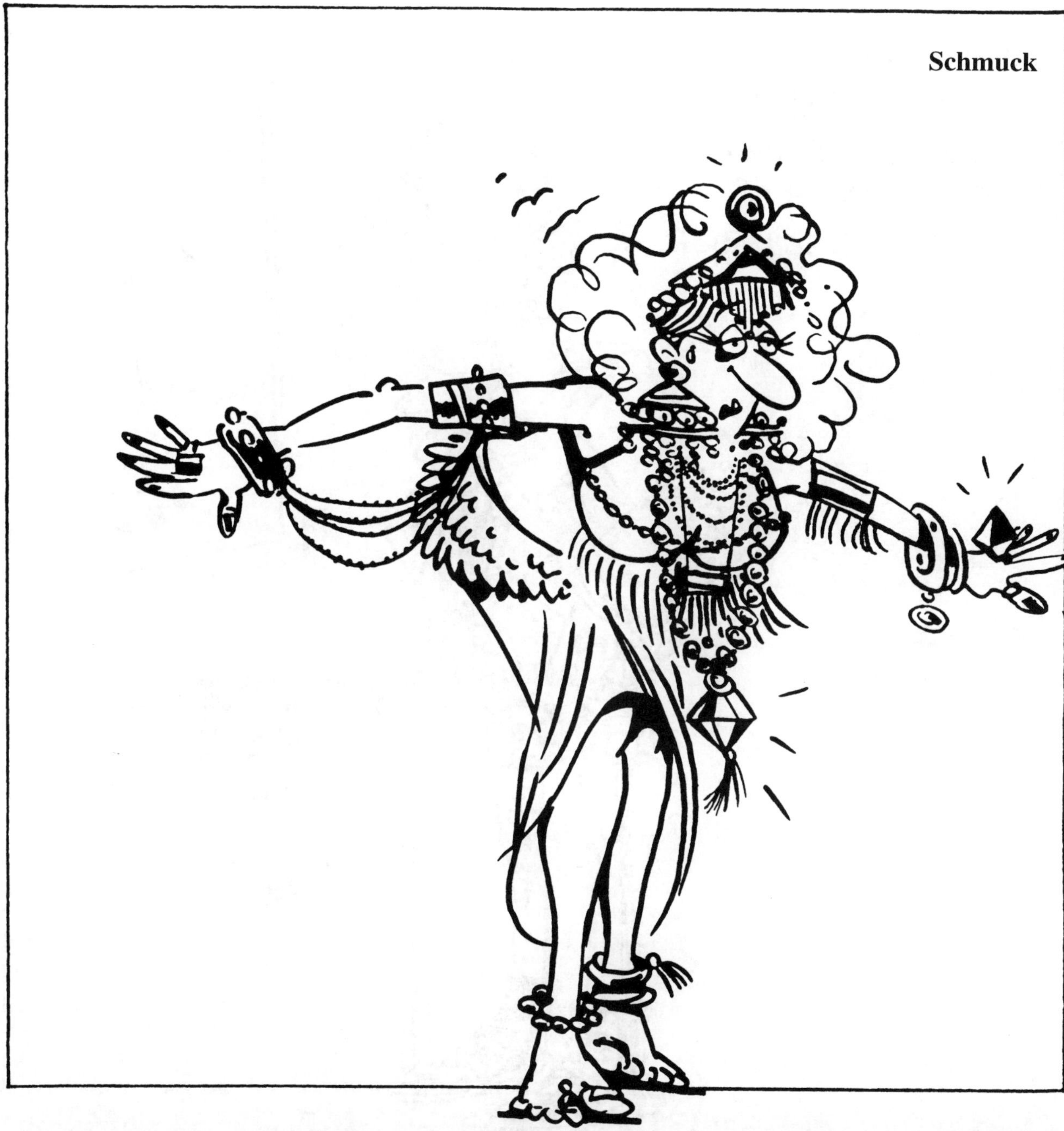
Schmuck

Sicherheitsnadel

chen Entwicklungsländer des orientalischen Tanzes, berühmt geworden durch ihre „Hängenden Balkone“.

Shahrazade

Auch: Scheherazade.

1. Altorientalische, für das Nachtprogramm zuständige Entertainerin der gehobenen Klasse.
2. Einer der Fixsterne am europäischen Bauchtanzhimmel, der man das nederlandse Meisje keinesfalls an*sieht*, sondern höchstens ein „bischen“ an*hört*.

Shimmy

Sehr schnelle Zitterbewegung, die z. B. beim Einführen von angefeuchteten Fingern in Steckdosen entsteht. Die erfahrene Tänzerin beherrscht den Schulter- wie den Hüftshimmy jedoch ohne jede Inanspruchnahme solcher elektrotechnischer Hilfsmittel.

Sicherheitsnadel

Nicht etwa die Partnerin aus der Tanzgruppe, sondern die kleine, unscheinbare schwarze, gold- oder silberfarbene S., die anderenorts ein trostloses Dasein in Nähkästchen oder -körbchen fristet, ist die wahre Freundin der Bauchtänzerin. Seit dem Vordringen des orientalischen Tanzes in die westliche Hemisphäre ist die Wundernadel endlich zu dem ihr gebührenden Einsatz und Ruhm gekommen. Was wären all die prächtigen Oberteile und Gürtel, wenn sie nicht auf der Körperfülle der Tänzerin haften blieben, sondern sich von ihr loszulösen und ein Eigenleben zu führen begännen? Trotz all der Haken, Ösen und Reißverschlüsse kommt kein Bauchtanzkostüm oder dessen Besitzerin ohne die helfenden Nadeln aus, um die weiblichen Formen der Tänzerin dauerhaft einzudämmen. Merke: Ein Pikser im Po oder sonstwo beim unsichtbaren Anbringen der S. ist leichter zu ertragen als der plötzliche BH- oder Gürtel-Verlust auf offener Bühne.

Sirtaki

Von den Griechen geklauter Kreuzschritt, der im OT (siehe dort) allerdings auch ohne Ouzo- oder Retsinaseligkeit möglich ist. Wie sagte doch schon Homer? „Wer am Ouzo sich besäuft, beim Sirtaki sich verläuft.“

Spiegel

1. Lieblingsbild der jüngeren Tänzerin.
2. Faltenindikator der reiferen Tänzerin.

Sprache, arabische

Von immenser Bedeutung für die Übertragung des gesungenen Wortes in Bewegung. Leicht verständliche Exempel:

1. *abadan* = aber dann
2. *Hassan Afifi* = ein Hund namens Hasso
3. *karaat al fingan* = (24) Karat an den Fingern
4. *lissa fakir* = Lisa, ein Fakir!
5. *salaam* = wohlschmeckende Hartwurst
6. *schuf Iskanderia* = der Schuft aus Alexandria

Stock

1. Selbstverteidigungsgerät für die vom allzu enthusiastischen männlichen Publikum arg bedrängte Tänzerin.
2. Mit glänzender Folie umwickeltes, spazierstockähnliches Tanzrequisit. Zunächst nur (ohne Folie) in Männertänzen verwandt. Später von der vom Feminismus angehauchten Tänzerin als die Männerwelt parodierendes Element in den Folkloreteil ihrer Show eingebaut.

Stocktanz

Nicht ganz ungefährliche Folklore-Performance, bei der umherfliegende Stöcke keine Seltenheit sind. Beim Stockdrehen oder -wirbeln ist auf größtmögliche Haftung zwischen Hand- und Stockfläche zu achten. Stocktänzerisches Para-

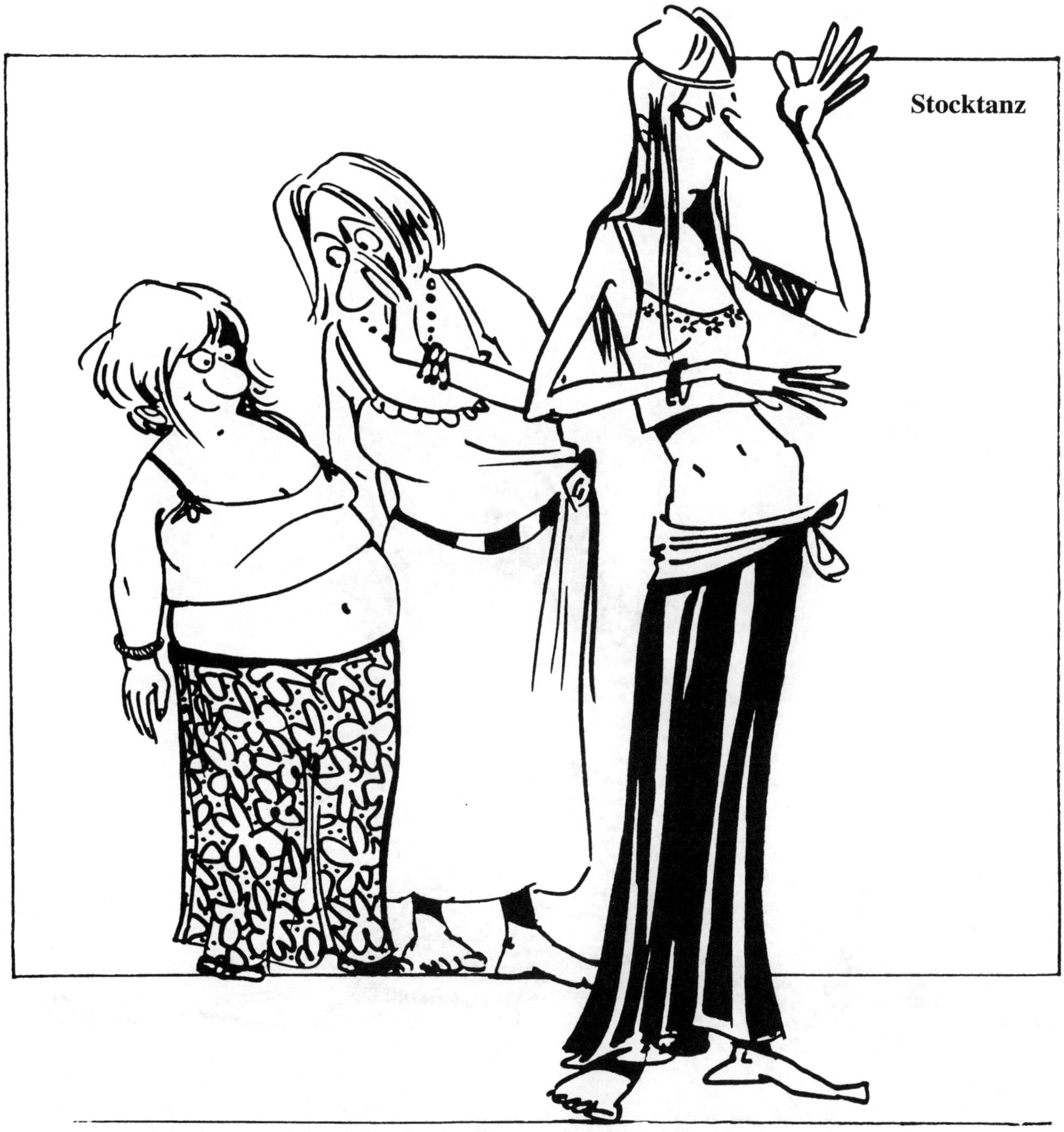

Stocktanz

Sultansbrücke

doxon: Es haftet der, dessen Stock nicht haftet. Zur Beachtung: „Wenn der Stock dir mal entfleucht, man dich von der Bühne scheucht.“

Sultansbrücke Bodentanzfigur für die biegsame Tänzerin. Die Künstlerin liegt hierbei auf beiden Knien (am besten seitlich zum Publikum), während sie den Oberkörper brückenförmig rückwärts neigt, so daß ihr Hinterkopf Bodenkontakt aufnimmt. Nicht nur bei akutem Bandscheibenvorfall können Komplikationen beim Wiederaufrichten auftreten. Ist gerade kein Sultan als Hilfestellung zur Hand, greife man in Notfällen zu Flaschenzug oder Seilwinde.

Synchronismus Übereinstimmender Bewegungszustand, der vom Choreographen vor allem bei Gruppentänzen angestrebt wird. Nicht, wer am schnellsten tanzt und zuerst fertig ist, hat gewonnen, sondern alle tänzeln gemeinsam ins Finale.

T

Tanoura Drehtanz der Männer mit Striptease-Einlagen. Während des fortdauernden Kreisens um sich selbst werden nach und nach die farbenfrohen Röcke über die Köpfe der Tänzer hinweg abgelegt. Um ihre Blößen zu bedecken, greifen die Jungs alsdann zu Zimbeln und Tamburinen.

Tanzgruppe Ansammlung von Tanzwütigen, deren eine jede das hehre Ziel verfolgt, sich nicht etwa als Schönste, Beste oder Beweglichste darzustellen – auch nicht insgeheim –, sondern in der Einheit des Gruppen-Nirwanas aufzugehen. Omm!

Teppich, fliegender

Taqsim

1. Im palästinensischen Arabisch durch das Hebräische beeinflußtes Pluralwort für Mietdroschke.
   Singular: *taqsi,* Plural: *taqsim.* Vergleiche: Singular: *kibbuz,* Plural: *kibbuzim.*
2. Meist langsamer, melancholischer Solo-Instrumentalteil. Für die tänzerische Umsetzung gilt folgender Merksatz: Hüpfst du beim *taqsim* zu heiter, sagt der Scheich: „So geht's nicht weiter!"

Tausendundein(s), -e

Richtwert für die Anzahl von Übungsstunden, die eine mittelprächtig begabte Tänzerin aufwenden muß, bevor sie sich dem Volke zeigen kann.

Teppich, fliegender

Umweltfreundliches, stauunempfindliches, flexibles Transportmittel für die international gefragte, mobile orientalische Tänzerin.

Tische

(oder Stühle) Können eine Bühne ersetzen. Da der OT (siehe dort) ein sehr raumsparender ist und sich unter Vermeidung von Schritten und Sprüngen auch völlig auf binnenkörperliche Bewegungen reduzieren läßt, ohne dabei von seinem Charme einzubüßen, bedient sich die orientalische Tänzerin in beengten räumlichen Verhältnissen manchmal solchen Mobiliars. Die Tänzerin genießt hierbei das Zu-ihr-Aufblicken, der Zuschauer die Einblicke.

Tonmeister

Gottähnliches Wesen, von dem bei Bauchtanzshows Wohl und Weh der Tänzerin abhängen. Legt er in seiner übergroßen Gnade die richtige Kassette korrekt zurückgespult an der dafür vorgesehenen Stelle im Programm ein – Erfolg. Tut er es nicht, da er sich in seiner allumfassenden Güte gerade um andere Belange zu kümmern hat, (z. B. um die kleine blonde Kartenabreißerin) – dann nicht.

Triplet Flotter Dreier mit Zimbeln.

U

umkleiden Auf einen Auftritt vorbereitende, bei privaten Festivitäten vom Auftraggeber meist nicht bedachte Aktion, daher vorwiegend auf Toiletten (auf denen auch die Gäste ein- und ausgehen), in Küchen (in denen die Bedienung ein- und ausgeht) oder Schlafzimmern („Mama, wer ist die Tante, die sich neben Papas Bett auszieht?") stattfindend.

V

Verband

1. Bandage für lädierte Tänzerinnenknöchel.
2. V. für OT: Am 15. 5. 94 in Heidelberg gegründeter eingetragener Verein auf Bundesebene, der dem deutschen Bedürfnis nach An- oder Zusammenschluß bei Vorhandensein von mehr als drei Gleichgesinnten Rechnung trägt.

Verhaken (Hier: von Tanzstockkrücken) Tanzfigur von Folkloregruppen, die eindrucksvoll deren starkes Zusammengehörigkeits-, wenn nicht sogar Abhängigkeitsgefühl zu- bzw. voneinander demonstriert.

Verschränken (der Arme über dem Kopf) Abwandlung der türkischen Armhaltung. Hier werden zunächst die Handgelenke gekreuzt, sodann die Handinnenflächen aneinandergelegt, wobei auf

Verband

Vorbereitungen

	jeden Fall noch ein gut sichtbarer Abstand zwischen Kopf und Händen übrigbleiben sollte. Daher nur geeignet für sehr langarmige und leicht masochistisch veranlagte Tänzerinnen.
Viererschritt, arabischer	Orient-Version des in deutschen Ballsälen weitverbreiteten Einheitstrotts: eins, zwei, Wie-ge-schritt.
Volleyball	Schöne Alternative zum Bauchtanz für hochaufgeschossene Damen, die in der Hauptsache aus Knien, Ellbogen und anderen Gelenken bestehen.
Vorbereitungen	V., die vor einem Auftritt zu treffen sind: Brille und Hörgerät abnehmen, Kontaktlinsen einsetzen, Stützstrümpfe, Katzenfell und ABC-Pflaster ablegen, Damenbart sowie Lokkenwickler entfernen, BH ausstopfen, Haarteil bzw. Perükke überstülpen. Fix und fertig!
Vorlauf	(Hier: von Kassetten) Je länger, desto besser die Möglichkeit, Geduld und Haltung der Tänzerin auf die Probe zu stellen. Alles, was länger als eine Viertelstunde dauert, führt u. U. zu Krämpfen oder zur Ohnmacht.

W

Wackelpudding	Wer noch immer nicht begriffen hat, wie ein Shimmy auszusehen hat, der nehme einen grünen W. (Grün als Farbe für die Hoffnung) und versetze diesem einen Schubs. Dat isset!
Warming-up	1. Billige Anmache in drittklassigen Schuppen. 2. Langsames Erwärmen von Körperteilen zwecks geschmeidigeren tänzerischen Einsatzes.

Wirbel

1. Tatbestand, für den die Künstlerin sorgt, die fremde Choreographien ohne Nennung des Urhebers bei ihren Shows als die eigenen verkauft.
2. In der Rückenmitte angesiedelte Knöchelchen, die bei der Camel-Bewegung einer nach dem anderen einzeln abgerollt werden.
3. Mit dem Stock ausgeführtes Kunststück, bei dem das Requisit nicht nur in der Hand gedreht, sondern zudem noch nach rechts und links bewegt wird.

Workshop

(work = Arbeit, arbeiten; shop = Geschäft, Laden) Ort, an dem die OT-Azubi hart arbeitet – und zwar an sich selbst, um z.B. die Geheimnisse der Schleiertechnik zu ergründen –, wofür sie jedoch kein Geld erhält, sondern sogar noch welches mitbringen muß. Das Geschäft macht statt dessen der Arbeitsladenbetreiber, auch Dozent genannt.

X

X-Beine

Bei Bauchtänzerinnen durchaus akzeptable Normabweichung der unteren Extremitäten. Hier wird der Vorteil gegenüber der klassischen Balletteuse mit Tütü oder der Sambatänzerin mit fast gar keinem Kostüm augenfällig, da Rock oder Pumphose gnädig alles Abnorme verdecken.

X-Beine

Zittershimmy

Y

Yalla

Y., *banat*. Zu deutsch: Geht, macht voran, Mädels. Wird von Veranstaltern gegenüber transusigen Tänzerinnen geäußert, die anstatt zu tanzen in der Garderobe über nicht anwesende Kolleginnen tratschen.

Z

Zeder

Im Libanon beheimateter Baum, vergleichbar der deutschen Dorflinde. Wie diese Mittelpunkt für mittelrheinische Reigen ist, so ist die Z. Zentrum für die lebensfrohe levantinische Dabka.

Zelt

1. Position im Schleiertanz.
2. Behausung von Beduinen und laut *Hadschi Halef Omar ben Hadschi Abul Abbas ibn Hadschi Dawud al-Gossarah* der Entstehungsort des Bodentanzes. Merke: Das Niederreißen von Zelten durch den allzu aufrechten Gang seiner Tänzerinnen erzürnt den Beduinen.

Zimbeln

Schon in der Bibel erwähntes Schlaginstrument, aus vier kleinen Metallbecken bestehend, mit dem die Tänzerin sich selbst begleitet. Man trage sie möglichst paarig, je eine am rechten sowie linken Daumen und Mittelfinger. Erfreulich ist es, wenn die rechte Hand weiß, was die linke tut. Sehr zu begrüßen ist auch eine rhythmische Übereinstimmung zwischen Zimbelschlag und Tanzschritt.

Zittershimmy

Rasante Bewegungsform aus der Sahara, in der Temperaturunterschiede von 40 Grad Celsius üblich sind. Wird sehr

	häufig bei plötzlich einsetzenden Nachtfrösten an leichtbekleideten Tänzerinnen beobachtet.
Zucken	Kleine Auf- und Abwärtsbewegung der Schultern, durch die sich die Unentschlossenheit der Tänzerin ausdrückt, ob sie nun in einen 8/4-Chiftetelli- oder einen 9/8-Karshlimar-Rhythmus verfallen soll.
Zuckerpuppe	Von dem amerikanischen Sänger Bill Ramsey in deutscher Sprache besungene, aus der Metropole des Bergischen Landes (Wuppertal) stammende, sehr schnuckelige Angehörige einer Gruppe orientalischer Tänzerinnen.
Zugabe	Enthusiastischer, nach weiteren Kostproben bauchtänzerischen Könnens sowie nach mehr dieser wundervollen Bücher zu dem Thema gierender Schrei des Publikums, das uns bereits mit Standing ovations gehuldigt hat.

Fröhliche Wörterbücher von A-Z

Tschüss!
Com·pu·te·ri·tis
‹ist› eine Sucht, die keinen mehr losläßt, der einmal davon befallen worden ist.
Com·pu·ter-&Vi·deo·spie·ler
‹sind› begnadete Schnellmerker, in deren Hand Maus und Joystick zu Zauberstäben werden, wenn die Software stimmt.
Dackel [dakl]
Platzsparender Kompakthund, dessen äußere Erscheinung in verblüffendem Kontrast zu seiner Kampfkraft und seiner inneren Größe steht.
Do it your·self
‹ist› die schwierige Kunst, durch eigener Hände Arbeit gelernten Handwerkern den goldenen Boden zu entziehen.
Dra·chen- & Gleit·schirm·flie·gen
E·D·V [e:de:'fau]
Abk. für »Elektronische Datenverwirranlage«, die immer mehr Menschen in ihren Bann zieht.
Ei·sen·bahn [aiznbaːn]
‹ist› ein traditionsreiches Massenverkehrsmittel, das nie zum alten Eisen gehören wird.
Eis·hockey
El·tern ['eltɐn]
‹sind› ein Mann und eine Frau, die ihren Kindern – im Idealfall gemeinsam – soviel Liebe zuwenden, wie sie selbst gern zurückbekommen würden.
Fall·schirm·springen
fau·len·zen
‹ist› die Kunst, jede Möglichkeit zum Müßiggang konsequent zu nutzen und dennoch zu Geld oder Ansehen zu gelangen.
fech·ten ['fɛçtn]
‹ist› die Kunst, zu stoßen, ohne gestoßen zu werden, zu hieben, ohne verhauen zu werden.
Fe·ste & Par·tys
BUFFET
Fröhliche Wörterbücher von A-Z
Feu·er·wehr
Fit·ness ['fitnes]
‹ist› der schweißtreibende Versuch, sich so lange freiwillig abzustrampeln, bis man am gewünschten Ziel ist, z. B. dem Idealgewicht.
Formel 1 Mo·tor·sport
fo·to·gra·fie·ren
Frau·en [fraun]
Freund·schaft
TOMUS

Fröhliche Wörterbücher von A-Z

Fröhliche Wörterbücher von A-Z

Fröhliche Wörterbücher von A-Z

renn·ra·deln
‹ist› die Kunst, auf superschnellen Reifen superschnell durch die Gegend zu bolzen und dabei auch noch eine Super-Figur zu machen.
TOMUS
Ru·he·stand
‹genießen ist› die Kunst, nur noch das zu tun, wozu man Lust hat (und ein bißchen mehr).
TOMUS
Sau·na & So·la·ri·um
‹sind› Sportanlagen für Genießer, die sich allein durch friedliches Herumliegen körperlich in Form halten und verschönern wollen.
TOMUS
Schüt·zen·ver·ein
‹ist› eine Gesellschaft zur Pflege des Schießsports und der Erhaltung der Schützentradition, deren Mitglieder mit ihrer Fröhlichkeit immer ins Schwarze treffen.
TOMUS
Schu·le
‹ist› der beste Ort zum Aushecken von Streichen, an die sich Eltern so lange mit Vergnügen erinnern, bis sie selbst schulpflichtige, nachhilfebedürftige Kinder haben.
TOMUS
se·geln
‹ist› die Kunst, naß und krank zu werden, um mit hohen Ausgaben langsam nirgendwohin zu treiben.
TOMUS
Se·kre·tä·rin
‹sein ist› die Kunst, alle Fäden im Betrieb so geschickt in der Hand zu halten, daß es der Chef gar nicht merkt.
TOMUS
Ski fah·ren
‹ist› die Kunst, auf zwei widernatürlichen Brettern in einer menschenfeindlichen Umwelt eine gute Figur zu machen.
TOMUS
Snow·boar·ding
‹ist› die Kunst, so kantenscharf über weiße Wellen zu brettern, daß jeder andere Wintersport sofort zu schnödem Schnee von gestern wird.
TOMUS
Spaß beim Backen
111 ausgesucht raffinierte Rezepte
TOMUS
sport·flie·gen
‹ist› die Kunst, sich freiwillig auf den Spruch einzulassen: „Runter kommen sie immer!"
TOMUS
Sport·schau·en
‹ist› die Kunst, aktiv am Sportgeschehen teilzunehmen, ohne den bequemen Sessel verlassen zu müssen.
TOMUS
Squash
‹ist› die Kunst, in einer betonierten Arena einen kleinen Kautschukball mit Hilfe eines Rackets so lange gegen vier Wände zu donnern, bis der Gegner endlich 9 Punkte hat.
TOMUS
Steu·ern & Fi·nan·zen
‹sind› die Lebensnerven des Staates, dem jeder so wenig wie möglich geben möchte, um im Gegenzug so viel wie möglich zurückzubekommen.
TOMUS
Fröhliche Wörterbücher von A-Z
stu·die·ren
‹ist› die Kunst, sich während der besten Jahre des Lebens auf einen Beruf vorzubereiten, der längst von anderen besetzt ist.
TOMUS
sur·fen
‹ist› die teuerste Möglichkeit, bei jedem Wind und Wetter baden zu gehen.
TOMUS
tan·zen
‹ist› die Kunst eines Paares, sich auf kleinstem Raum so frei wie irgendmöglich zu bewegen, ohne sich und anderen dabei auf die Füße zu treten.
TOMUS
tau·chen
‹ist› die Kunst, sich in einer Kunststoffhaut, ausgerüstet mit Bleien und anormalen Schwimmflossen, unter großem Druck so wohl zu fühlen wie ein Fisch im Wasser.
TOMUS
Tee trin·ken
‹ist› die Kunst der Kenner, die Geschmacksnerven so lange mit einem köstlichen Getränk zu kitzeln, bis es seine Geheimnisse preisgibt.
TOMUS